Hacer gráficas/
Making Graphs

Tableros de conteo
Tally Charts

por/by Vijaya Khisty Bodach

CAPSTONE PRESS
a capstone imprint

A+ Books are published by Capstone Press,
151 Good Counsel Drive, P.O. Box 669, Mankato, Minnesota 56002.
www.capstonepub.com

Books published by Capstone Press are manufactured with paper
containing at least 10 percent post-consumer waste.

Library of Congress Cataloging-in-Publication Data
Bodach, Vijaya.
  [Tally charts. Spanish & English]
  Tableros de conteo / por Vijaya Khisty Bodach = Tally charts / by vijaya Khisty Bodach.
     p. cm.—(A+ bilingüe. Hacer gráficas = Bilingual. Making graphs)
  Includes bibliographical references and index.
  Summary: "Uses simple text and photographs to describe how to make and use tally
charts—in both English and Spanish"—Provided by publisher.
  ISBN 978-1-4296-6103-4 (library binding)
  1. Mathematics—Graphic methods—Juvenile literature. 2. Mathematics—Charts,
diagrams, etc.—Juvenile literature. 3. Tallies—Juvenile literature. I. Title. II. Title:
Tally charts.
  QA40.5.B64218 2011
  510—dc22   2010042252

Editorial Credits
Heather Adamson, editor; Strictly Spanish, translation services; Juliette Peters, designer;
   Eric Manske, bilingual book designer; Wanda Winch, media researcher; Kelly Garvin,
   photo stylist; Sarah Bennett, production specialist

Photo Credits
All photos Capstone Press/Karon Dubke, except page 20 Shutterstock/oksanaperkins, page 28
   iStockphoto, and page 29 Shutterstock/Raymond Kasprzak

Note to Parents, Teachers, and Librarians
Hacer gráficas/Making Graphs uses color photographs and a nonfiction format to introduce
readers to graphing concepts in both English and Spanish. *Tableros de conteo/Tally Charts*
is designed to be read aloud to a pre-reader, or to be read independently by an early reader.
Images and activities encourage mathematical thinking in early readers and listeners. The book
encourages further learning by including the following sections: Table of Contents, Glossary,
Internet Sites, and Index. Early readers may need assistance using these features.

Printed in the United States of America in North Mankato, Minnesota.
092010   005933CGS11

Table of Contents

Tabla de contenidos

Try to pick up a stick without moving the pile.
How many sticks will each player pick?

Trata de levantar un palito sin mover la pila.
¿Cuántos palitos levantará cada jugador?

We can use tally marks to keep score.
Write the name of each player on a paper.

Nosotros podemos usar marcas de conteo para anotar el puntaje. Escribe el nombre de cada jugador en una hoja de papel.

6

Line up their sticks next to their names.
Sam picks two sticks before wiggling
the pile. Put his sticks in a row by his name.

Alinea los palitos de cada jugador junto a su nombre.
Sam levanta dos palitos antes de mover la pila.
Pon sus palitos en una línea junto a su nombre.

Kim grabs five sticks. Tally marks are made in groups of five. The fifth tally mark goes across the other four.

Kim levanta cinco palitos. Las marcas de conteo se hacen en grupos de cinco. La quinta marca de conteo atraviesa las otras cuatro.

Sam's turn again. He picks two more sticks.
Kim takes three sticks on her turn.

Es el turno de Sam otra vez. Él levanta
dos palitos más. Kim levanta tres palitos
cuando es su turno.

9

Kim is the winner this time.
She scored the most points.

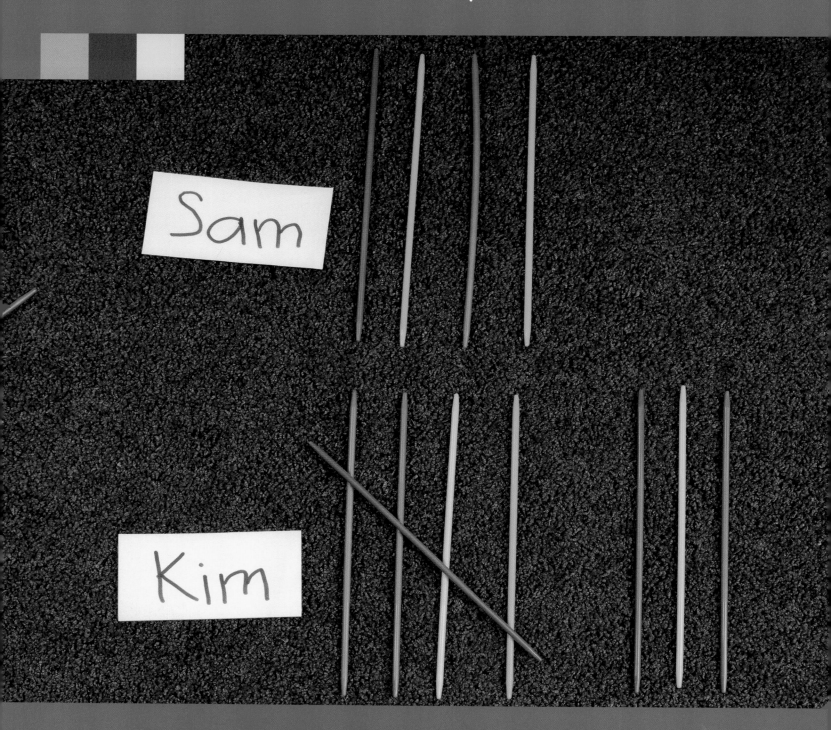

Kim es la ganadora esta vez.
Ella anotó la mayor cantidad de puntos.

We can keep a tally on paper too.
Tallies help us count things as they happen.

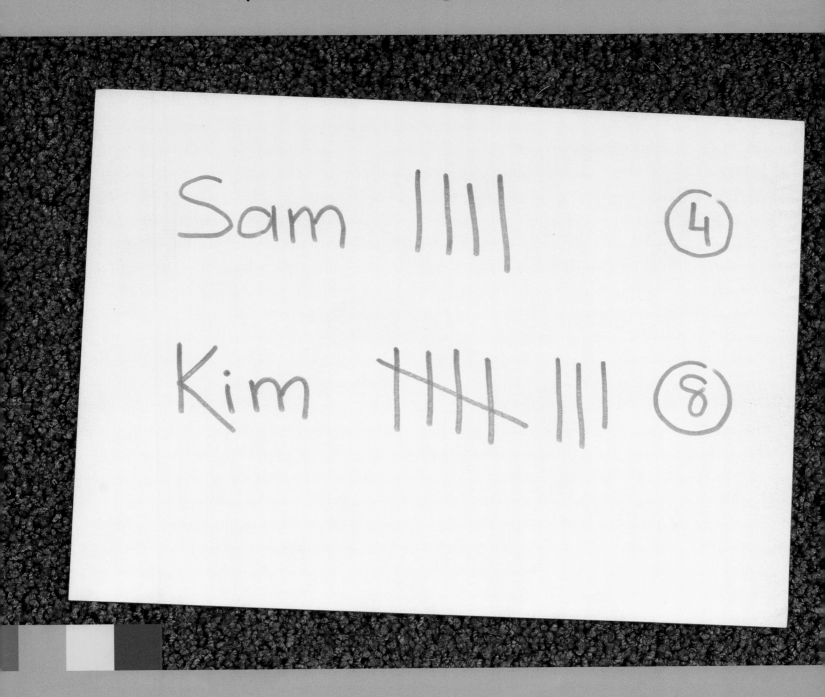

También podemos hacer conteos en papel.
Las marcas de conteo nos ayudan a contar
cosas a medida que ocurren.

Tally marks help track favorites. Which flavor of ice cream do people like best?

Las marcas de conteo ayudan a registrar preferencias. ¿Qué sabor de helado es el favorito?

More people like strawberry than vanilla. But chocolate is the favorite.

Vanilla/ Vainilla	/
Chocolate/ Chocolate	/ / /
Strawberry/ Fresa	/ /

Más personas prefieren fresa que vanilla.
Pero chocolate es el favorito.

What color toothbrush is most popular?
Make a mark for each brush.

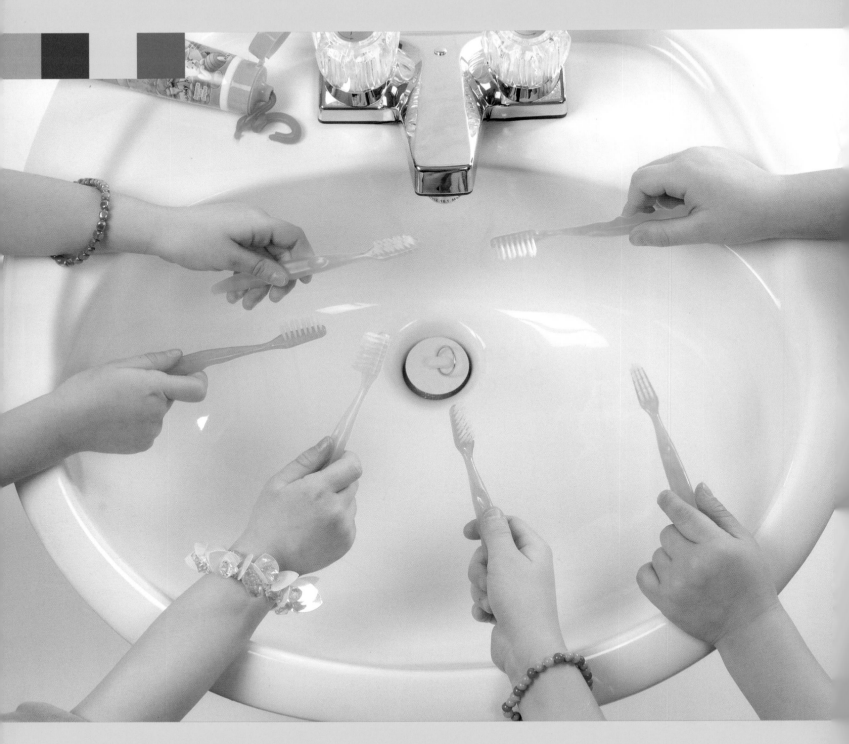

¿Qué color de cepillo de dientes es el más popular?
Haz una marca por cada cepillo.

Green had the most marks. It's more popular than orange or pink.

Green/ Verde	||/
Pink/ Rosa	|
Orange/ Anaranjado	//

El verde tiene la mayor cantidad de marcas.
Es más popular que el anaranjado o el rosa.

These kids want to play their favorite sports.
Let's take a vote to decide what to play first.

Estos niños quieren jugar a sus deportes favoritos.
Vamos a votar para decidir a qué jugar primero.

Basketball has the most votes. More kids want to play basketball than the other sports.

Basketball/
Baloncesto

Football/
Fútbol

Baseball/
Béisbol

El baloncesto tiene la mayor cantidad de votos. Más niños quieren jugar al baloncesto que a los otros deportes.

You can use tallies to count cars on a trip. Write a list of colors. Mark a line each time a car passes.

Red/Rojo |

Green/Verde

Blue/Azul ||

Tú puedes usar marcas de conteo para contar autos en un viaje. Escribe una lista de colores. Haz una marca cada vez que pasa un auto.

A red car goes by. Make a tally mark next to the word red. Next, two blue cars pass.

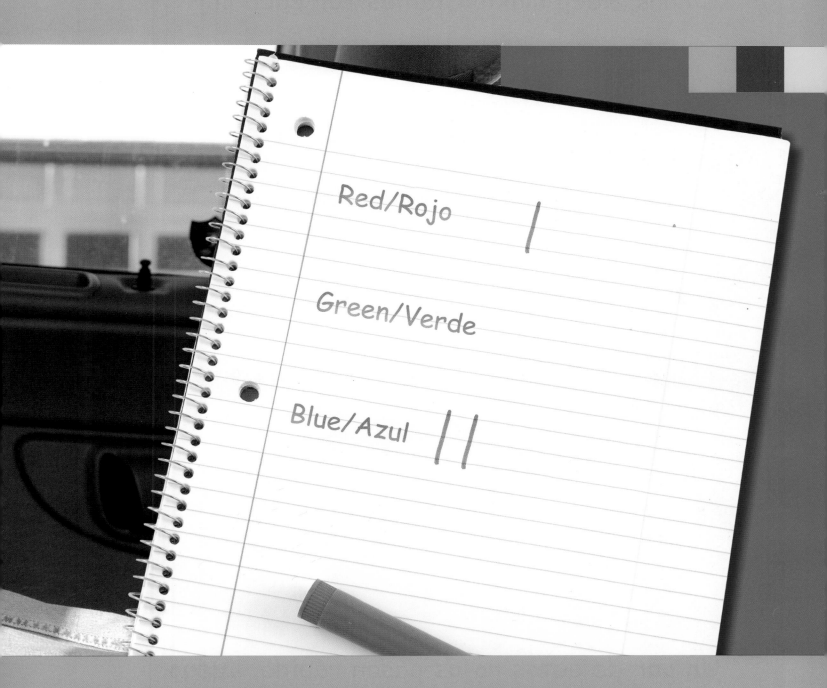

Pasa un automóvil rojo. Haz una marca de conteo junto a la palabra rojo. Luego pasan dos automóviles azules.

A couple more red cars zoom on by.
Then two green cars. And three more blue
cars. Keep making tallies for each car.

Un par de autos rojos pasan rápido. Luego
pasan dos autos verdes. Y otros tres autos
azules. Sigue haciendo una marca de conteo
por cada auto.

Count the tallies and write the totals.
We saw more blue cars than red.
We saw the fewest green cars.

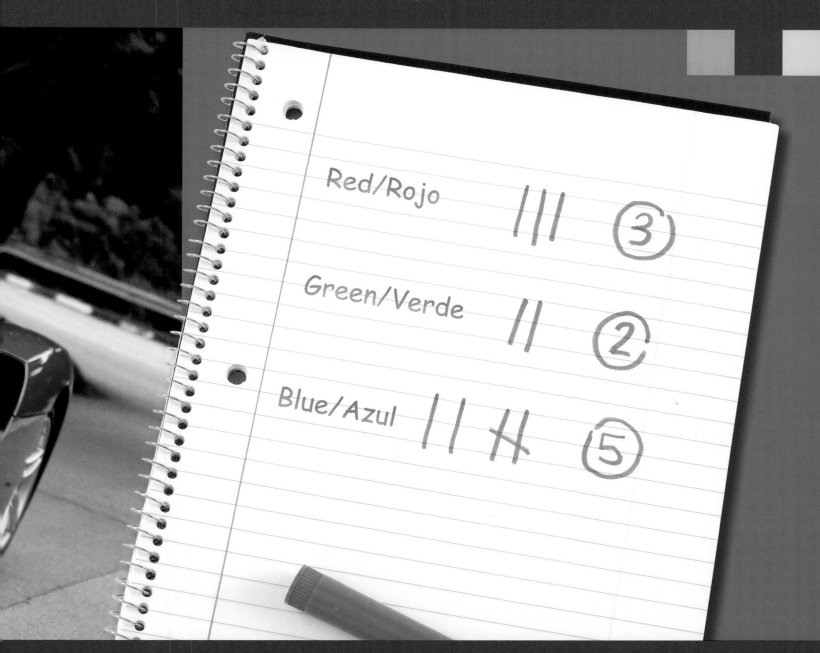

Red/Rojo ||| ③

Green/Verde || ②

Blue/Azul || ||| ⑤

Cuenta las marcas y escribe los totales.
Nosotros vimos más autos azules que rojos.
Nosotros vimos menos autos verdes.

We can tally how many free throw baskets each child makes.

Nosotros podemos hacer el conteo de cuántos tiros al cesto acierta cada niño.

Karl made three baskets. Julie made five baskets. Max had the most free throws. He made six baskets!

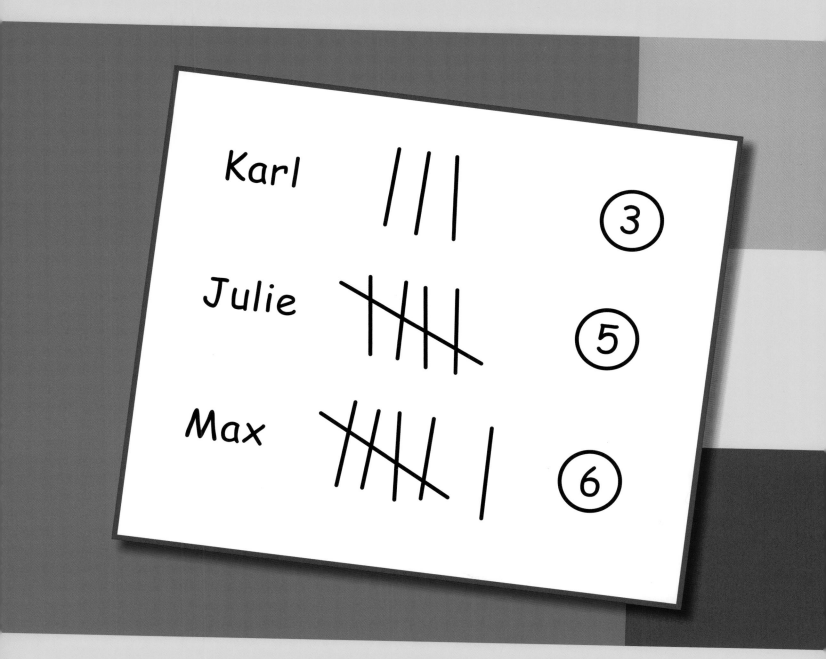

Karl acertó tres tiros. Julie acertó cinco tiros. Max tuvo el número máximo de aciertos. ¡Él acertó seis tiros!

How many coins will land heads up?
Tally marks can help us keep track.

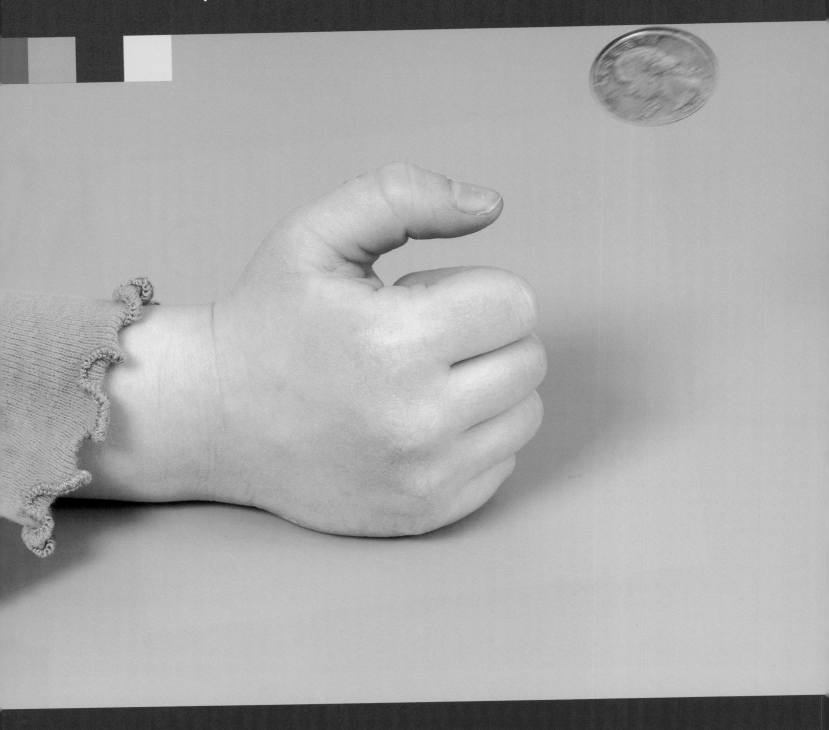

¿Cuántas monedas caerán de cara?
Las marcas de conteo nos ayudan a llevar control.

Seven coins landed heads up.

Heads/
Cara   ✝✝✝✝ ||

Tails/
Cruz |||

Siete monedas cayeron de cara.

Let's see how many times the carousel spins each ride. Make a tally mark each time the white horse passes.

Veamos cuántas vueltas da el carrusel en cada juego. Haz una marca de conteo cada vez que pasa el caballo blanco.

White Horse/
Caballo blanco

||||| ||||| ||

A busy bird feeder is fun to watch. You can use tallies to keep track of the birds.

Un comedero de pájaros con mucha actividad es lindo de ver. Tú puedes usar marcas de conteo para registrar los pájaros.

What type of birds visit each day? When do more birds visit—morning or evening?

¿Qué tipo de pájaros visitan cada día? ¿Cuándo visitan más pájaros, de mañana o de noche?

Glossary

carousel—an amusement ride that turns in circles

chart—to show information in the form of a
    picture or graph

favorite—a thing or person that you like best

tally—a score or record; a tally mark is one straight
    line; tallies is the plural of tally

total—a number gotten by adding up the whole amount

vote—to make a choice

Internet Sites

FactHound offers a safe, fun way to find Internet sites related to this book. All of the sites on FactHound have been researched by our staff.

Here's all you do:

Visit *www.facthound.com*

Type in this code: 9781429661034

 Super-cool stuff! Check out projects, games and lots more at www.capstonekids.com

Glosario

el carrusel—un juego del parque de diversiones que da vuelta en círculos

favorito—una cosa o persona que prefieres

la marca de conteo—una línea recta junto a otra línea recta para llevar un registro

la tabla—para mostrar información en forma de dibujo o gráfica

el total—un número que se obtiene sumando la cantidad entera

votar—hacer una elección

Sitios de Internet

FactHound brinda una forma segura y divertida de encontrar sitios de Internet relacionados con este libro. Todos los sitios en FactHound han sido investigados por nuestro personal.

Esto es todo lo que tienes que hacer:

Visita *www.facthound.com*

Ingresa este código: 9781429661034

¡Algo súper divertido! Hay proyectos, juegos y mucho más en **www.capstonekids.com**

Index

Índice